海上絲綢之路基本文獻叢書

百譯館譯語

〔明〕佚名 編

文物出版社

圖書在版編目（CIP）數據

百譯館譯語 /（明）佚名編 . -- 北京 : 文物出版社，
2022.6
（海上絲綢之路基本文獻叢書）
ISBN 978-7-5010-7518-8

Ⅰ．①百… Ⅱ．①佚… Ⅲ．①傣語－辭彙 Ⅳ．
① H253.3

中國版本圖書館 CIP 數據核字（2022）第 065592 號

海上絲綢之路基本文獻叢書
百譯館譯語

著　　者：〔明〕佚名
策　　划：盛世博閲（北京）文化有限責任公司

封面設計：鞏榮彪
責任編輯：劉永海
責任印製：張　麗

出版發行：文物出版社
社　　址：北京市東城區東直門内北小街 2 號樓
郵　　編：100007
網　　址：http://www.wenwu.com
郵　　箱：web@wenwu.com
經　　銷：新華書店
印　　刷：北京旺都印務有限公司
開　　本：787mm×1092mm　1/16
印　　張：13
版　　次：2022 年 6 月第 1 版
印　　次：2022 年 6 月第 1 次印刷
書　　號：ISBN 978-7-5010-7518-8
定　　價：90.00 圓

總　緒

海上絲綢之路，一般意義上是指從秦漢至鴉片戰爭前中國與世界進行政治、經濟、文化交流的海上通道，主要分爲經由黃海、東海的海路最終抵達日本列島及朝鮮半島的東海航綫和以徐聞、合浦、廣州、泉州爲起點通往東南亞及印度洋地區的南海航綫。

在中國古代文獻中，最早、最詳細記載『海上絲綢之路』航綫的是東漢班固的《漢書·地理志》，詳細記載了西漢黃門譯長率領應募者入海『齎黃金雜繒而往』之事，書中所出現的地理記載與東南亞地區相關，并與實際的地理狀況基本相符。

東漢後，中國進入魏晉南北朝長達三百多年的分裂割據時期，絲路上的交往也走向低谷。這一時期的絲路交往，以法顯的西行最爲著名。法顯作爲從陸路西行到印度，再由海路回國的第一人，根據親身經歷所寫的《佛國記》（又稱《法顯傳》）一書，詳細介紹了古代中亞和印度、巴基斯坦、斯里蘭卡等地的歷史及風土人情，是瞭解和研究海陸絲綢之路的珍貴歷史資料。

隨着隋唐的統一，中國經濟重心的南移，中國與西方交通以海路為主，海上絲綢之路進入大發展時期。廣州成為唐朝最大的海外貿易中心，朝廷設立市舶司，專門管理海外貿易。唐代著名的地理學家賈耽（七三〇～八〇五年）的《皇華四達記》記載了從廣州通往阿拉伯地區的海上交通『廣州通夷道』，詳述了從廣州港出發，經越南、馬來半島、蘇門答臘半島至印度、錫蘭，直至波斯灣沿岸各國的航綫及沿途地區的方位、名稱、島礁、山川、民俗等。譯經大師義净西行求法，將沿途見聞寫成著作《大唐西域求法高僧傳》，詳細記載了海上絲綢之路的發展變化，是我們瞭解絲綢之路不可多得的第一手資料。

宋代的造船技術和航海技術顯著提高，指南針廣泛應用於航海，中國商船的遠航能力大大提升。北宋徐兢的《宣和奉使高麗圖經》詳細記述了船舶製造、海洋地理和往來航綫，是研究宋代海外交通史、中朝友好關係史、中朝經濟文化交流史的重要文獻。南宋趙汝適《諸蕃志》記載，南海有五十三個國家和地區與南宋通商貿易，形成了通往日本、高麗、東南亞、印度、波斯、阿拉伯等地的『海上絲綢之路』。

宋代爲了加强商貿往來，於北宋神宗元豐三年（一〇八〇年）頒佈了中國歷史上第一部海洋貿易管理條例《廣州市舶條法》，并稱爲宋代貿易管理的制度範本。

元朝在經濟上採用重商主義政策，鼓勵海外貿易，中國與歐洲的聯繫與交往非常頻繁，其中馬可·波羅、伊本·白圖泰等歐洲旅行家來到中國，留下了大量的旅行記，記錄了元代海上絲綢之路的盛況。元代的汪大淵兩次出海，撰寫出《島夷志略》一書，記錄了二百多個國名和地名，其中不少首次見於中國著錄，涉及的地理範圍東至菲律賓群島，西至非洲。這些都反映了元朝時中西經濟文化交流的豐富內容。

明、清政府先後多次實施海禁政策，海上絲綢之路的貿易逐漸衰落。但是從明永樂三年至明宣德八年的二十八年裏，鄭和率船隊七下西洋，先後到達的國家多達三十多個，在進行經貿交流的同時，也極大地促進了中外文化的交流，這些都詳見於《西洋蕃國志》《星槎勝覽》《瀛涯勝覽》等典籍中。

關於海上絲綢之路的文獻記述，除上述官員、學者、求法或傳教高僧以及旅行者的著作外，自《漢書》之後，歷代正史大都列有《地理志》《四夷傳》《西域傳》《外國傳》《蠻夷傳》《屬國傳》等篇章，加上唐宋以來衆多的典制類文獻、地方史志文獻，集中反映了歷代王朝對於周邊部族、政權以及西方世界的認識，都是關於海上絲綢之路的原始史料性文獻。

海上絲綢之路概念的形成，經歷了一個演變的過程。十九世紀七十年代德國地理學家費迪南‧馮‧李希霍芬（Ferdinad Von Richthofen，一八三三～一九〇五），在其《中國：親身旅行和研究成果》第三卷中首次把輸出中國絲綢的東西陸路稱爲『絲綢之路』。有『歐洲漢學泰斗』之稱的法國漢學家沙畹（Édouard Chavannes，一八六五～一九一八），在其一九〇三年著作的《西突厥史料》中提出『絲路有海陸兩道』，蘊涵了海上絲綢之路最初提法。迄今發現最早正式提出『海上絲綢之路』一詞的是日本考古學家三杉隆敏，他在一九六七年出版《中國瓷器之旅：探索海上的絲綢之路》中首次使用『海上絲綢之路』一詞；一九七九年三杉隆敏又出版了《海上絲綢之路》一書，其立意和出發點局限在東西方之間的陶瓷貿易與交流史。

二十世紀八十年代以來，在海外交通史研究中，『海上絲綢之路』一詞逐漸成爲中外學術界廣泛接受的概念。根據姚楠等人研究，饒宗頤先生是華人中最早提出『海上絲綢之路』的人，他的《海道之絲路與昆侖舶》正式提出『海上絲路』的稱謂。此後，大陸學者選堂先生評價海上絲綢之路是外交、貿易和文化交流作用的通道。

馮蔚然在一九七八年編寫的《航運史話》中，使用『海上絲綢之路』一詞，這是迄今學界查到的中國大陸最早使用『海上絲綢之路』的人，更多地限於航海活動領域的考察。一九八〇年北京大學陳炎教授提出『海上絲綢之路』研究，并於一九八一年發表《略論海上絲綢之路》一文。他對海上絲綢之路的理解超越以往，且帶有濃厚的愛國主義思想。陳炎教授之後，從事研究海上絲綢之路的學者越來越多，尤其沿海港口城市向聯合國申請海上絲綢之路非物質文化遺產活動，將海上絲綢之路研究推向新高潮。另外，國家把建設『絲綢之路經濟帶』和『二十一世紀海上絲綢之路』作為對外發展方針，將這一學術課題提升為國家願景的高度，使海上絲綢之路形成超越學術進入政經層面的熱潮。

與海上絲綢之路學的萬千氣象相對應，海上絲綢之路文獻的整理工作仍顯滯後，遠遠跟不上突飛猛進的研究進展。二〇一八年廈門大學、中山大學等單位聯合發起『海上絲綢之路文獻集成』專案，尚在醞釀當中。我們不揣淺陋，深入調查，廣泛搜集，將有關海上絲綢之路的原始史料文獻和研究文獻，分為風俗物產、雜史筆記、海防海事、典章檔案等六個類別，彙編成《海上絲綢之路歷史文化叢書》，於二〇二〇年影印出版。此輯面市以來，深受各大圖書館及相關研究者好評。為讓更多的讀者親近古籍文獻，我們遴選出前編中的菁華，彙編成《海上絲綢之路基本文獻叢書》，以單行本影印出版，以饗讀者，以期爲讀者展現出一幅幅中外經濟文化交流的精美畫卷，爲海上絲綢之路的研究提供歷史借鑒，爲『二十一世紀海上絲綢之路』倡議構想的實踐做好歷史的詮釋和注脚，從而達到『以史爲鑒』『古爲今用』的目的。

凡例

一、本編注重史料的珍稀性，從《海上絲綢之路歷史文化叢書》中遴選出菁華，擬出版百冊單行本。

二、本編所選之文獻，其編纂的年代下限至一九四九年。

三、本編排序無嚴格定式，所選之文獻篇幅以二百餘頁爲宜，以便讀者閱讀使用。

四、本編所選文獻，每種前皆注明版本、著者。

五、本編文獻皆爲影印，原始文本掃描之後經過修復處理，仍存原式，少數文獻由於原始底本欠佳，略有模糊之處，不影響閱讀使用。

六、本編原始底本非一時一地之出版物，原書裝幀、開本多有不同，本書彙編之後，統一爲十六開右翻本。

目録

百譯館譯語

百譯館譯語

一卷

〔明〕佚名 編

清抄本

天文門

天　之
法

雲　乣
莫

雷　法浪　日　扛挽

雨　忿　月　楞

斗 開章

風 倫

星 鬧

電 力

緩　煙　山　刺　雪

莫
煉　霞　　昧　霜

霧 莫工

電 法滅

露 乃

虹 朧

照
董

大風
犭

倫
虐

曜
箅
犭

風来
犭

倫
馬

大雪 剌虐

下雪 剌篤

地理門

京 都

國

縣　　縣　　　府　府

允　城　　　州　州

老　坵　那　田

直　畉　笋　園
那

ᡧᡝᠣ
泉

喃
魯

ᠰᡝᠣ
ᠰᡝᠣ

塵

悶
目

ᠰᡝᠣ
泥

囤

ᠰᡝᠣ
關

扛

路 党

江 喃
血

井 喃
磨

山 賴

河
喃濃

石
令

海
喃剌剌浪浪

墙
法客

里　八那

岸　放喃

津　答喃

潭　登喃

嶺 賴雷

池塘 暖

村 蠻那

水 喃

坡　派賴

沙汀　撒賽

岩崖　怕

林　濃埋

地方 猛蠻

地名 知猛

地界 璉猛

雲南 猛車

大理　猛國

洱海　李改

金齒　挽唱

南甸　猛底

ᩮᨾᩥ

干崖　猛那

ᩮᨾᩥ
ᩮᨾᩥ

車里　猛勒

ᩮᨾᩥ

八百　猛永

ᩮᨾᩥ
ᩮᨾᩥ

隴川　猛挽

北京

万都

百夷

六万

南京

喃台

緬甸

猛蠻

時令門

春 ᠨᡳᠶᡝᠩᠨᡳᠶᡝᡵᡳ
莫問

夏 ᠵᡠᠸᠠᡵᡳ
莫勒

秋
莫印

朔

楞惡

冬
莫闍

聖

楞扛

晝　杠　　　　𝕸
　　挽

更　𝕸　　歡

夜　杠　　　　𝕸
　　恨

温　𝕸　　問

冷 ꡝ 印 涼 ꡝ
開

熱 ꡝ 寒 ꡝ
勒 開

晨　扛勞

早　乌　招

昏　扛酣

晚　扛酣　醐

歲　必

年　必

時　莫

旱　建

乾 悸

陰 法目

溼 煙 印

晴 法列

花木門

牡丹
莫牡丹

芍藥
莫芍藥

薔薇

薔薇

芭蕉

桂

玉簪

玉簪

萍

盼

藻 芽喃

榴 抹章

艾 芽敏

菊 莫芽醐箏

到　　苔　　　蒲　　芽撒布

莫毋　蓮　　　芹　　怕案

蘆
埋俄

藤
陶只

葛
剌直濃

柳
埋凱

槐 　埋別辟

竹 　埋竹

松 　埋別

梅 　抹奉

桃 抹悶

李 抹蠻

棗 抹賀怯

栗 抹篤

榛
抹工查

杏
抹奉放

梨
抹竹李

柑
抹也

柿　抹戶領

橙　抹印

橘　抹留

葡萄　抹亦

核桃
抹瓦

松子
抹別

木瓜
抹奧

軟棗
抹戶領賴

榲子　抹昧

花紅　抹謹崩

茨菇　抹幹

葶藶　抹臭

酸棗　抹賀

橄欖　抹酨

楊梅　抹六

花　莫芽

枝　哈　巴

木　埋　巳

葉　茂

朵　胡

定 瓜   芽 草

悼 薑   虐 英

茄
抹怯

葫蘆
喃刀

蔥
怕母

蒜
怕賀

韭　怕區

茶　芽泥

薤　怕已戞

果　抹

柴 粉　麻 伴

桑 慢　麥 糕察

豆

秃

蕎麥
糝黍

芝蘇
阿羅

黍子
糝放虐

鳥獸門

孔雀
奴永

雲鴈
汗莫

鳳凰

奴浪哈

鴛鴦

必剌法

天鵝

汗法

燕子

奴煙

白鷴
奴哥

青鶴
汗午

練雀
奴浪里

鳥
奴

鷄 ᠵᠠ 盖

必 鴨 ᡴᡝᠨ

鵁 ᡴᡝᠴᡳᠬᡝ 汗

班 ᠨᡳᠶᠣ 奴
鳩 ᡳᡴᡝ 都

水鴨 必喃

龜 到

魚 八剌

蝦 工

螃
蟹

蚭

山

布

螺

壞

海
蚭

山

米

龍

惡

命翁　蝎　　　午　蛇

永　蚊　　老　蟒

蛛 ᠵᡠᠪᡴᡳ

工
高

蜻
蜓 ᠨᡳᠶᠠᠮᠠᠨ

命
米

蝶 ᠨᡳᠣᠮᠠᠨ

抹
莫

蟻 ᡥᡝᡵᡥᡝ

目

蜒蛾　答羅

蟬　查查　查

蠱　慢

蜂　明

蒙　蟲　淸　命　蒼　ᡠᠮᠠ
　　　　　　翁　蠅　ᡥᠠᡥᠠ

邦　兔　ᡩᡝᠯ　命　蝙　ᡠᠮᠠ
亐　　　ᠪᡳ　領　蝠　ᠪᠠᡥᠠ

ᡝᠮᡠ刺驢別羊

刺弄驟騾

領猴

光 鹿 ꡏ 奴 鼠 ꡮ

抹 乃 狼 ꡆ 反 麂 ꡏ

米熊 ᠯ

看　奴

人事門

聽　寧

見 汗 聞 乃
寧

知 魯 思 克
遮

島 慮憂　　嗔 直

怕　　孤 問　嘆

對 恨

答應 汗緩

說話 哇緩

出 惡

�‍腕　退　毫　入

孩　哭　恨　進

笑

讓　庫

愛　枕　爭

敬 印

煙 ㄢ

章 憎 ㄦ

嫉 ㄚ
妬 ㄹ 習
計

臥 ㄌ
暖

襄 坐 ᠨᡳᡥᡝ 反 夢 ᠰᡠᠸ

拜 去 ᠯ 六 起 ᠨᠠ

行

挂
山山

事務
緩
台

商量

崩
幹

收拾
也
歪

洗滌

素謝

尋

苟

搜

桶

正

清閒

郁乃

勞心
聆遮

回轉
恨莫

戲要
歇領歇庫

送
送

別
怕

有事

米
緩

迎接
董
剌

挈住

奧
歪

伴　揪　ᠠᠢ

怕　脱　ᠠᡠᠮ
謝

倫　倒　ᡠᠯ

建　走奔　ᠠᠠᠯ
拜

推 ꡜ 字 打 ꡝ
賽

扶 ꡝ
捕 府
捉
簡

跟　雷
山
賣　害

買　色
交易　列剌

滿　定　将来　奥馬

平　丙　務要　怕朵

長 李

關 光

短 勒

狹 革

結　少　�]　　芽　休　ᡥᠠᠩ
　　　　　　　素　要

撲　真　ᡩ　　那　多　ᠨ

聰明 ᠪᠣ

遮崩

進貢 ᠺᡁᠣ

進貢

拜 ᠴᠢ

拜

謝恩 ᠪᠣᠯ

謝恩

宴 𪜎

勞 弄

尚
四

叩
頭

得
戶

賞賜 ꝑꝑ

崩
毫

乙
正

俯
伏

拜
郁

跪　那　　　　　印壽

富　米　　　讀書
抹　　　　　怕賴力

哈 嫁 ᠪᠠ ᠪ ᠣ 生 ᡝᠴ

奧 娶 ᠴᡳ ᡩ 死 ᠪᡠ

不知　目魯

諧和　禿幹

不會　目章

逃　膩

動
寧

謹慎

歇遮力

訪
招

孝順

煙幹

敗壞
魯剌

分明
察領

人倫
敦滾

仔細
察

風流
赤撲

懶惰

勘

慷慨
遮色

端立

寧
騷

智慧
遮魯

燒香
票芽

開門
布八都

閉戶
哈八都

同　隴　擡出　亂惡
　　　　　　　出　惡

打掃　八謝　安在　歪養
掃　謝　　　在　養

吹火

砲
派

靠

印

人物門

皇帝
翁
揲

太子
六
翁

皇后　米翁撰

王妃　米翁

王子　六翁

儒　招力

僧　磨辟

聖　餳撲

道　磨法

賢　也撲

正 公 布　父 宇

婆 芽　母 也

姐　必寧

兄　必債

妹　濃寧

弟　濃債

妻　米

子
六
債

妾　米乃

孫
爛
債

伯父 ㄇㄚ

隴 叔 ㄉㄧ 奧

嫂 ㄨ 魯

ㄣ 姨 阿

姪　　爛

丈母　　也
　　　　米

丈人　字　　女壻　六
　　　米　　　　　奎

舅　　ㅈ

那

宗族　ㅅ
敦挽

親家　ㅈ
鳩隴

朋友　ㅅ
果酋

官　混

小姐　𪜈

曩萬

舍人　車印

夫人　𪜈

曩弄

奴婢
苛

農
僕歇那

商人
ᢖᢦᠠᠳᠠ

軍
ᢖᡝᢝᠠ

僕歇憂害

六邑

ᠮ
一

民

ᠮᠣ
力

男子

僕債

ᠮ
婦人

僕寧

ᠮ
樂人

僕歇緩

内官　混段

皁隷　習刺

牢子　招埋

門子　招八都

ᠮᠠᠶᠢᠯᠠ

庫子

招以恩

ᠮᠠᠶᠢᠯ

漁

招八刺

斗級

招以㧒

樵

僕朵粉

老撾
猛查

宣撫
宣撫

宣慰
宣慰

安撫
安撫

土官　混猛

頭目　陶猛

通事　底爛

把事　八謝

火頭　官

蠻人　苟

鰊　埋債

寡　埋寧

孤 ᠬᠤᠪᠢ
習勒

獨 ᠳᠤᠷᠤ
朶悸

身體門

悼 身 ᠪᡳᠶᠠ

那 面 ᡩᡝᡵᡝ

頭　戶　腮　間

鼻　浪　唇　素
　　　　　　　扛

毛　混　　鬚　奴閒

髮　噴　口　素

答　眼　嗅　齒

耳　魯　曾　戶
　　　　　　兀

心 遮 腸 賽

ᠮᠢ

肚 董 臍 賽
膩

抹　肩 𠮷　浪　背 𠮷

莫　手 𠮷　浪印　腰 𠮷

拳
幹

掌心
帕莫

肘
素

腿
哈

答　肝　　定　脚

臕　膽　　尸亳　膝

本 胃 ᠮᠠᠯ 爛 腎 ᠪᠥᠭᡝ

印 筋 ᠰᡠᠳᠠᠯ 布 肺 ᠸᠠ

勒　血　裏　皮

汗　　肉
能

勒

淚　喃答

骨　奴

唾　喃賴

糞　其

膿 濃

指甲 力莫

精 喃悖 白

肥 必

胖　必

瘦　院

宮室門

宮殿

倫郁翁㩉

樓

賀

一

正
部

布

觀

況
汞

寺
況

房
倫

書房 ꮯꮯꮯꮯ
底奴賴力

官房 ꮯꮯ
倫苛

正屋 ꮯꮯ
倫弄

廂房 ꮯꮯ
倫康

凉亭
秤倫

酒店

倫害勞

水閣
賀喃

茶房

倫害芽泥

廚房　倫㲚謹　ᡝᠯᠡᠨ ᡝ

監房　ᡳ

賀

館驛　卓磨　ᠠ ᡳ ᡳ

厠房　聽望　ᡳ

賀

馬房
聽麻

鐘樓
賀勒猛

門樓
聽八都

鼓樓
賀光

橋 ᠺ᠊ᠶᠣ

庫

橋子
八都法輕

門扇
區八都

石灰
令腿

猪牢
賀茂

鷄栖
勞蓋

器用門

琴 定 ᠲᠣᠺᠲᠣ

棋 ᠮᠣᠩᡤᠣᠨ
朶盖朶色

筆 𦥯

必

鐘 𤼩

勒
猛

硯 𥓐

怕
莫

鼓 𣪘

光

笛　必

楪　萬撒列

椀　萬

匙　卓

浪
喃 缸

秃 筋

磨 鍋 刀 壺

念　卓　　桑　桶

党　攪　　昂　盆
區

校椅
党翁

尺
埋
撰

秤
章
欠

升

秤

篋　鈕
　　八

臼

哭

杵　撒

刀

剌

傘　中

鋸　力勒

扇　薇戸

枕　慢戸

轎 璉 ᠶᡳᠩ

鎖 謝
力

床 孤 ᠶᡳ

鑰 毫
力

鎗 ᡠᠮᡳᠶᠠᠨ

勒 ᡠᠮᠠᡥᠠ

旌 ᡨᡠ
旗 ᡨᡠᡵᠠᠨ

庄
本

犁 ᠠᠨᠵᠠ

腿 ᡥᠠᠰᠠ

腰 ᠯᠣᠣᠮᠠ
刀

剌

悼　針 ᠰᠣᠩ　工 弓 ᠺᠣ

目　盔 ᠰᠠᠩ　本 箭 ᠰᠣ

甲　拜

鞍
桊
麻

弩　扛

鞭
庄
麻

勒　船　ᡧᡠᠸᡝ

飲饌門

造飯 ᠵᡠᠸᠠ
歇糕

做酒 ᠵᡠᠸᠠ
歇勞

殺馬
哈麻

宰牛
哈午

蒸羊
能別

割鴨
八必

鹽　　革

醬　　喃
　　　枕

醋　　喃
　　　箐

椒　　抺
　　　辟

油 ᡳᠮᡝ

嗋藥

飲 ᠨᡠᠷᡝ
酒 ᠣᠮᡳ

謹
勞

素菜 ᠪᠣᠯᡤᠣ

怕
幹

喫 ᠪᡠᡩᠠ
飯 ᠵᡝ

謹
耕

沙糖　𭐀山

唵歪

餅　烤察區

烂　𭐀

闇

腥　命臭

枕　鹹　命　臭

竹　淡　緩　香

辣 辟 澀 法

苦 困 甜 挽

尨 滋
味

𡧟 文 軟 𡧟

素 熟 𡧟 欠 硬 𡧟

力　生　高

衣服門

紗帽
目户唐茂

圓領
色火悶

金帶
賽浪醋

牙笏
苛阿章

玎璫
悼

絲縧
賽浪府

鸞帶
賽浪朶

裕襫
賽縣端

衣裳
色賽

皮裘
賽曩

絟絲
蠻撇

羅
蠻輕

紗
蠻紗

絹
蠻見

布　蠻圭

汗衫　賽膽能

綿衣　賽闊

夾被　怕孤

雨帽
孤答邪

手帕

怕摺

包頭
布戶

鏡袋
痛占

梳頭　玉戶

裹脚　布定

棕衫　賽庄猛

靸鞋　計定

卧單

怕丹

包袱 以布

顏色門

噢 青 ᠨᡳᠣᠸᠠᠩ

噢乃 緑 ᠨᡳᠣᠸᠠᠩᠩᡳ

幹　紫　稜　黄

爛　皂　怕　白

赤 煉

大紅 煉莫董

天青 臭法

葱白 悶怕母

柳黄　　稜包

黑　　爛

藍　　箅

紫梗　　康

蘇木

埋放

珍寶門

金 酣

銀 恩

寶貝
線

珍珠

布賴

琥珀
八養

珊瑚
線鳥

瑪瑙　馬那

玳瑁　孤刀

水晶　八喇

寶石　膽馬

力 鐵　董 銅

力 錫　枕 鉛

白玉　令怕

象牙　阿章

犀角　毫中

銀硃　爛放

銅錢

結董

寶鈔

賴摺鈔

數目門

楞　一　Ⅱ

送　二　3

三　散

五　哈

四　習

六　奴

高　九　四　摺　七　ع

習　十　드　別　八　め

悶　萬　八　百

欠　斤　今　千

兩　隴　分　念

錢　貼　貫　念

通用門

東　ᠵᡝᡤᡳᠨ　幹扛挽惡

西　ᠵᡝᡤᡳᠨ　幹扛挽都

ᠠᠨᠠᠠ
ᠰᠠᠨ

南

幹剌猛

ᠮᠠᠨ

左

幹賽

ᠠᠨᠠᠨ
ᠰᠠᠨ

北

幹戶猛

ᠮᠠᠨ

右

幹化

前　幹那

上　幹能

後　幹浪

下　幹刀

賽　正　乙　　送　高　高

喃　直 910　　膽　低 90

新茂　　好膩

舊高　　丂查

偏　債　大　虐

中　幹扛　小　力

厚 該 遠 乢 那

薄 高 近 乇 忙

養　有　登　淺

無　勒　深

目養

馬　稀留　清騷

密　替　濁困

膩　善　ᠰᠠᠶᠢᠨ　榜　虛　ᠤᠨᡝᠩᡤᡝ

查　惡　ᠧᡥᡝ　撰　實　ᠶᠠᠷᡤᡳᠶᠠᠨ

内 幹闌 是 秃

外 幹那 非 目秃